Refugios del alma

Eriberto De La Fe

Published by Lulu Press, Inc.

Libro diseñado por: Janett Baxter

Library of Congress Catalog Card No: (Pending)
Printed in the United States of America

ISBN: **978-1-304-98831-7**

Refugios del alma

Notas del autor

"Refugios del alma" es un grito sordo, conculcado por mucho tiempo, nacido en lo más profundo de mi pecho, es el sueño despierto, cobijado con los mejores deseos y los más puros sentimientos. Es un tributo a hombres y mujeres de esta tierra que han escrito con el alma cosas tiernas, reales y bellas. A aquellos que han pronunciado con sus plumas los más tiernos y puros sentimientos, jugando con las palabras para usar el término apropiado en cada momento.

Es un sueño algo perdido de mi niñez y adolescencia. Como fiel soñador que siempre quiso describir aquellos campos que me vieron correr y crecer, rodeados de cerros y cañadas, y además, volando descalzo, con la mirada algo triste, pero siempre sostenida, hacia delante y hacia arriba. Es un sueño de mi juventud, llena de sobresaltos, alegrías, tristezas y amores de todo tipo que forjaron mi alma y mi espíritu, sin abandonar jamás los principios del buen andar. Es el despertar de mi segunda juventud, la más cuerda de todas y quizás, la más prolífera, que me ha guiado a lo que siempre soñé: escribir, analizar, debatir y tomar partido en aras del bien que considero justo y necesario, sin herir a nadie y respetando lo más elemental de lo elemental del ser humano.

Es la culminación de una idea atesorada por décadas en el alma y la mente que finalmente ve la luz y a la vez, quizás el comienzo de un despertar armónico acorde a sentimientos e intenciones que se liberan desde muy adentro. Es mi primer libro, pues ya tengo dos hijos y he plantado muchos árboles y además, los he cuidado con sobrado amor y cariño. Qué importa si lo leen unos pocos, cientos, etc. eso no viene al caso, pero lo más importante es que, es mi libro, auténtico y espontaneo, sin haber apropiado jamás nada a nadie.

Agradecimientos

A quienes me dieron esta existencia y guiaron mis primeros pasos por este mundo, Manuel de Jesús de La Fe Quintana y Eduviges Betancourt Díaz, haciéndome ver la necesidad del trabajo duro como vía más digna para lograr el éxito, bienestar y tranquilidad de espíritu. A mis queridos padres con todo mi amor y respeto, aunque ya no leerán estas letras, pero las escucharan de mi voz, uno por haberse ido ya a su descanso eterno y ella, la dulzura de mi vida, por no estar en condiciones para hacerlo.

A mis hermanos todos y sus descendencias: Reynaldo, Manuel Leopoldo, Ángela y Olga Lidia. Quienes sé, creen en mí y compartirán mis triunfos y fracasos también.

A mi esposa, Beatriz Perera, que me ayudó a fundar y guiar una familia, la mía, con mis vástagos que ya pueden volar solos y alto. Mis hijos del alma, Erik Alberto y Rocío Beatriz, les dedico esta humilde y sencilla obra y si pudiera servirles de legado a lo que ella representa espiritualmente, háganla suya, como son ustedes míos desde muy adentro y sin condiciones. Que les sirva de acicate para emprender nuevos caminos y proyectos y que sepan que nunca es tarde para crecer, producir y amar.

A esas pequeñas criaturas que día a día me dan su amor y cariño más sinceros y que representan el futuro del mundo, ahí les va mi agradecimiento sincero y puro. Ellos, mis primeros fanes, los que me han ido estimulando y pidiendo algo nuevo cada día, han representado un impulso incalculable para producir muchos de estos poemas que nacieron en plena aula.

A alguien que llegó a mi vida en el momento preciso para realizar mi sueño, sin ella no hubiera sido posible el alumbramiento de este sencillo poemario, por llamarlo de alguna manera y respetando a los verdaderos poetas y artistas de la palabra. A ella, Julie Pujol Karol, coterránea y patriota, mis más profundos agradecimientos por haberme guiado a dar este paso con sabia y dulzura y además, por creer en mí.

Prólogo

Decir Eriberto De La Fe, es poder adentrarse al alma de muchos seres distintos y únicos, para compartir sus alegrías y tristezas, sus aventuras y desventuras, la lucha diaria, la esperanza de convertir sueños en realidades, la determinación para lograrlo.
Decir Eriberto, es como dar un paseo por los bosques, llanos, y playas lejanas, es adentrarse a estos lugares mágicos, abrazar a un árbol agradecido por sus profundas raíces y su sombra; es contactarse con la naturaleza misma.
Es abrazar a nuestros seres queridos y amigos no importa a donde se encuentren. Es paz y Fe como su propio apellido lo dice.
En su tema América, se hace claramente ver el amor por los seres humanos sin ver raza ni color y estatutos sociales.
En el Árbol de mi patio, nos brinda una analogía de la vida con un hermoso mensaje, así como el árbol reverdece en primavera, nosotros tenemos una nueva esperanza con cada amanecer:
"No te dejes vencer".

La flor de tu pecho, con qué suprema sutileza describe el cambio corporal de niña a mujer...
En simples palabras, hay que adentrarse en las páginas de este poemario para poder disfrutar los trabajos de este escritor que aunque este es su primer libro, es un veterano con la pluma y la imaginación.

Julie Pujol-Karel

Contenido

América

América es india, América es negra,
América es blanca y mestiza,
también gallega.

América es de todos, de todo aquel que llega,
América es dulce, América es piedra.
América es sol, América es selva,
América es cumbre que se esconde en las montañas,
Americe es caña, América es dulzura,
mieles de sus almas.

América es una, la deseada,
América, la primorosa,
América, el mundo nuevo
que por sus mares trajo al hombre blanco
de un mundo lejos, de un mundo viejo.

América eres mezcla de razas lejanas,
América eres indias de miradas azules y piel quemada,
América de mujeres bellas
y de pies descalzos, de cinturas estrechas,
de miradas al viento,
tomadas sin derecho por aquel que llegaba.

América, esclava un día fuiste
del hombre que vino lejos
a herirte en el rostro y las entrañas.
América a tus hijos perdiste conquistados por el hierro viejo,
América tu sangre diste, tu sangre roja y pura
de aquellos que en tus senos engendraste
y casi los pierde a todos en tan cruel conquista.

América es viento, América es trueno,
América es un lamento cerca del cielo,
América es llanto, tristeza de esclavo ajeno.

América es dulce, tan dulce como sus cañas,
América es fruto de llanos y montañas,
América es cañada donde se esconde el arroyo que pasa
solo y triste junto al camino que al río abraza.

América es lejana, oculta tras sus playas,
América está desnuda
y en el mar se baña,
América es la marinera,
América la espumosa,
América es cordillera,
cordillera helada, llena de oro y plata
que la avaricia despertara.

América es pico en las alturas,
América es lago dulce,
América es llanura,
¡América eres única en tu hermosura!

América es precipicio y río,
desfiladero al vacío,
América es torrente, cacao y selva,
América como su gente, ¡es inmensa!

América es trópico y fuego
y también confines de hielos,
donde se acurrucan sus ansias
y se dilatan sus miedos.

América es novia bella y amante serena
despeinada y descalza sobre la arena.
América, la madre buena,
América que orgullo, saberme hijo tuyo
y descansar un día bajo tu tierra.

América eres calle vieja y avenida nueva,
América eres alameda y malecón,
América eres ciudadela

preñada de canción.
América eres plaza adoquinada,
hacinada de sol a sol, llena de romance,
música y pregón,
América eres melodía y ron.

América eres grito de un atierra lejana
oculta y descalza entre llanos y sabanas,
América eres sol y nubes,
América eres rebelde como tus montañas,

América eres el eco del dolor que al mundo despertara.
América eres ritmo de tambores lejanos
que repican al atardecer
y que no duermen nunca para alegrar corazones,
que despiertan con el sol que llama a sus ventanas,
con los soplos del amanecer,
tambores de una tierra bella, dulce, tierna, ¡americana!

América de sombras en medio del bosque,
de iras y risas, de altivas palmeras que bailan con el viento,
América eres cuna de hombres valientes
que rajando el grito defendieron su tierra
con el eco que estremeció la sierra.

América es poesía verde y dulce
de un continente lleno de flores,
de aromas y bosques que inspiraron al poeta,
que voló sin alas, allá muy lejos,
que cruzó los mares y llevó los versos
que te hicieron grande y notable al universo.

América, lo ha dado siempre todo
sin pedir a cambio nunca nada,
América solo quiere un libro,
para aprender a leer y a escribir,
para contarle al mundo su historia triste,
su historia bella y lejana.

El arroyuelo

Se arrastra el arroyuelo tímido y resuelto
serpenteando su sendero
entre valles y cerros
buscando al río, buscando aliento
donde acabar ligero y a tiempo,
entregando todos sus cabellos
y su delgado cuerpo.

Es su camino duro,
es su camino incierto
atravesando las tierras
que va mojando a su encuentro
cada día más alejadas
del cauce sediento
y lucha por la vida
que poco a poco,
se le va desprendiendo
por falta del brote
que de la tierra va subiendo.

Arroyuelo de mi niñez y de otros tiempos,
crecido muchas veces,
arrastrando todo desde tierra adentro
hoy ya no eres ni la huella de lo que fue,
eres fiel testigo del desaliento.

Arroyuelo que murió cansado y seco,
se agotaron tus fuentes,
no te empujó más el viento
y quien no te conoció
ni imaginar puede tu sufrimiento.

Desde mi patio

Sí, a veces siento que me gusta la soledad
y me invade todo ese sentimiento
de dejar escapar mi vista
hasta el más allá, hasta el infinito.
Persigo con el alma el sentido de la vida
y traspaso las nubes blancas
de un cielo claro-azul,
esas mismas nubes que juguetean
y desaparecen, se alejan, te dicen adiós.
Y veo solo un pedazo de cielo
y un limitado espacio de tierra
que me encierra entre mi patio
y unas cercas, que como soldados inertes,
me miran y me detienen dentro
con sus dos ojos ocres y oxidados
a la altura de sus desgastados rostros.
Estoy en paz y mi alma vuela
como el halcón que acaba de surcar el cielo,
ante la mirada perdida y sorprendida
que me ha devuelto a la vida.
Detrás de esos soldados que inertes me miran
un mar de pueblo se agita de lado a lado
moviendo sus copas verde-amarillentas
que comienzan a flaquear y se desprenden
ante la llegada de otro gobierno
y quedarán muy pronto, los pobres,
despojados y sin cobijas,
batidos por el mismo viento
que nos lleva a otra vida.

No sé qué me pasa,
pero como estos arbustos
sueño y tiemblo
y con ese cantar de pájaros
medito y comprendo
que se nos va la vida,
que se nos acaba el tiempo.
Y ahí estoy con la vista fija, pero no vencida
buscando en el más allá la respuesta
que no encontraremos jamás en vida,
que se lleva el viento en las nubes blancas,
solitarias, cansadas y muertas.

La llave de la vida

A todos nos ponen al nacer
una pesada llave en la mano
y sostenerla no podemos,
pero con el tiempo la empuñamos.
Con esa llave trazarás un camino
y te abrirás paso por la vida,
cuesta abajo y cuesta arriba
y que importa que esté tu mirada
cansada y casi vencida,
cuando del alma, brote la vida.

Esa llave abrirá todas las puertas,
la del camino corto y fácil,
el que siempre se trunca y tuerce,
también el largo, empinado y difícil
que muy lejos te lleva
aunque que parezca que nunca llegas.

La llave de la vida solo tú sabrás usarla a la medida,
ni cierres mucho, ni abras poco,
se consciente contigo mismo
para no dañar ni cuerpo ni rostro.
Llave que se guarda en cofre viejo,
reliquia de nuestros padres y abuelos,
úsala con sabia
y te recordarás siempre de ellos.

Ay, pobre de aquel que pierda su llave
será como barco naufrago en plena calle,
perderá su norte aunque haya nacido con traje.

He sido y soy

He sido para mis padres
un buen fruto que creció en la huerta
bañado en la gracia de los nuevos tiempos
siguiendo el camino largo y difícil
que marcaron mis padres con amor y deseo,
con alegrías y tristezas al viento.

He sido para mis amores
un mar profundo y abierto
que los baña y los abraza
siempre con dulzura,
siempre a tiempo.

He sido para mis amigos
la dura madera de mi tumba
que se endurece con los años
y con silencio los deslumbra.

Soy para la vida
un río que corre alegre y fresco
abrazando siempre las orillas
de lado a lado, a cada encuentro.

Soy para mis hijos
el repetido y cansado eco
de palabras duras y precisas
que los abrazan y los guían
siempre por camino recto.

Soy para mis sueños
la realidad despierta
que no abandona empeños
con mente siempre dispuesta
a seguir creciendo aunque ya esté muerto.

Soy corriente subterránea
que nace manantial
en el llano o en la montaña
con abrazo natural,
de la tierra que con rudeza nos acoge,
de la tierra que con sangre nos baña.
Soy para siempre
polvo de la tierra
esparcido sin precio
para dar la vida,
para cubrir los muertos.

A mis hermanos

Mis queridos y sacrificados hermanos
hoy les escribo con el corazón
por el dolor roto, desbordado.
Hoy más que nunca nos necesitamos,
ya casi huérfanos hemos quedado,
las fuentes de sangre que nos unen
se han secado.
Manantiales de tristeza brotarán
de nuestras almas, de nuestras manos,
pero seremos grandiosos
en la dichosa tristeza
de hasta el final, haberlos ayudado.
Ustedes entregaron el alma,
el cuerpo destrozaron,
pero ninguno quedó vencido,
almas y cuerpos por encima del dolor
se levantaron.

Torrente que nos une más allá de la tristeza,
cascadas saladas cubrirán el rostro
y por debajo, puñales de la vida,
destrozarán corazones rotos.

Hermanos míos, todos
¡Cuán imperfectos somos!,
Pero ¡cuán dignos hemos vivido!
asidos a la virtud
de nuestra herencia
como portadores de una fe
que en la sangre, se entremezcla.

Al árbol de mi patio

Al árbol de mi patio,
solitario allá en el centro,
altanero y presumido
parécele en su copa
algunas yemas haberles nacido.

Está mi árbol desarbolado
que no crece y no se empina
se ha visto triste y prisionero
por haberle pasado
otro invierno por encima.

Hoy parece retoñado
y su corteza más blanquecina,
ahora lleva la esperanza
de la primavera que se le arrima.

Ayer triste y deshojado
sin mirar hacia arriba,
hoy parece más alentado
y en su copa ya brotan
muchas flores blanquecinas.

Ese arbolito desarbolado
es testigo de mi llegada
muy flacucho y estropeado,
ha crecido al calor de mi mirada.

Mi árbol del patio,
humilde, deshojado y sin cobijas
de unas flores blancas está copado
y llora pétalos desde arriba
acolchando la grama reverdecida,
ayer quemada y amarilla,
hoy revolotea y sonríe a la vida
agradecida por los días que la estiran.

No es mi árbol de primera,
no es mi árbol de linaje,
pero a él suben ardillas a la carrera
y reposan pájaros de largo viaje.

Ay, árbol de mi patio
que te he visto en todas tus facetas,
cabizbajo, deshojado y con frío,
reverdecido y alumbrado
por el sol y sus rayos
hoy te vistes como para ir de fiesta.

El color de la vida

Ah, qué triste es perder el color
se están muriendo las hojas
en ellas se nota el dolor
pero antes de morir
se están poniendo amarillas y rojas.

Ya con sus manos largas
nos dicen adiós
y en su batallar son arrancadas
de las cumbres donde seguro creció
un ejército de botones verdes
que a la vida mucha sombra dio.

Hoy son batidas por el aire
indefensas y sin fuerzas, a montones
arrancadas de los gigantes
que aletean tristes y sin canciones
preguntándose qué ha pasado
con sus cabelleras verdes,
silenciosos, sin ilusiones.

¿Será acaso que el morir es bello?
¡porque se visten de colores nuevos!
Es solo el paso de un estado a otro,
y pronto serán parte de ese suelo
asomando el lúgubre otoño
con el color de su cansado rostro.

El hacha y el leño

Se esconde el leño
del hacha que lo hiere
y trata de escapar más abajo
de un golpe seco y mortal.
Esta hacha no es de estos tiempos
y este leño no es para nada,
¡orgulloso!
pronto lo harán astillas
y arderá más que rabioso
para calentar y dar vida
desprendido de su agonía.

Creció quizás, allá en la colina
y ni imaginar siquiera podía
que un día derribado sería
por las manos del hachero
que golpe a golpe
lo haría leña en el suelo
desgajando sus prolíferos brazos
y dar vida en otra vida,
carbonizado y orgulloso.

Repicará una y mil veces
tu hacha carbonera
allá en lo alto de la sierra
derribando el oro verde
que nace y crece de la tierra.

Rechinará tu hacha carbonera
derribando árboles a montones
y renacerá el amor sobre la tierra
calentado por el leño negro que se descompone.

El jinete

Yo vengo desde lejos
cabalgando sobre mis pasos
y montado en mis deseos,
espoleando con firmeza
el corcel de mis años
desbocado en otros sueños,
pero el tiempo le ha calmado
entre triunfos y fracasos,
solo, desesperado.

Yo cabalgo día y noche
con la espuela y con el rayo
nada detiene mis instintos,
soy jinete sin caballo.
Ahora llevo la esperanza
de llegar bien montado,
bien asido a las anchas
espoleando mi caballo.
No te mueras esperanza
que hay tiempo todavía,
móntate conmigo a la zanca,
cabalguemos noche y día.
Y deja que hable la gente
que nada entienden de la vida,
ven conmigo, cabalga y camina
que estrenaremos alegrías.

Aférrate con fuerzas a mi montura
y yo dejaré que me asfixien tus brazos
que en mi alma y en mi cuerpo
para este largo viaje hay espacio,
descubre con ansias ese pedazo
para que no muera la fortuna.

Atrévete a montar sin ataduras
y descorre el velo que te juzga
de aquellos que aún no encuentran espacio
en el camino duro y espinado de la vida.

Lleguemos al fin montado y a tiempo,
abrazados y despeinados
tocando el cielo allá en lo alto
envueltos de gloria y mansos
para dejar atrás el pasado.

El látigo de la vida

La vida es como un látigo
que baja implacable
y desgarra rápido,
se levanta con furias
para destrozar el alma,
pero mientras sube
la victima respira y descansa
para soportar de nuevo
el azote que la vida arranca.

El látigo de la vida
doblado a la medida
para a todos recordarnos
que si detenemos el paso
el látigo a nuestras espaldas
con inclemencia se arrima.

La vida es un látigo
que destroza por fuera
y por dentro el alma lacera.
A latigazos limpios
andamos por la vida
unos con la frente en alto,
otros con la mente vencida.
Levántate, injuria, reclama y mata
para que con la piel que el látigo arranca
se vistan los hombres de honor y esperanzas.

Si el paso aflojas y la boca cierras
el látigo de la vida con sañas
mata, quema y yerra.
No te dejes arrancar la vida
y lucha como fiera erguida,
clávale a la vida la mordida
y desgarra la tierra para enterrar en ella
al mayoral, al hacendado, al cruel
y al verdugo que el látigo maneja.
Del látigo de la vida
huye siempre a tiempo
si no pagarás con las tiras
arrancadas sin piedad del cuerpo.

Entre llamas

A los cuatro meses
lo conocí entre llamas
que llegaban al cielo,
lo miré de soslayo,
lo cargué, lo besé
y lo aparté muy lejos
para proteger su inocencia,
para no quemar sus sueños.

Lenguas rojas de infierno
que acabaron con todo,
gritos de muchachas asustadas
que por las ventanas escapaban
y yo entre todos gritando,
las ordenes que ronco me dejaban.

Recibimiento amargo
que se quedó en mi pecho,
que se quedó en mi mente,
que al pasar por allí se estremecía mi alma
rodeada de aquel fatídico recuerdo
que me quemó por dentro.

Y te quise tanto desde aquel momento,
que te cargué en mis brazos,
que te apreté contra mi pecho
y te sentía tierno y frágil
pero muy adentro.

Y creció conmigo,
creció alegre y despierto
y siguió los pasos
de la vida justa
y jamás por deshonor
hirió mi pecho,
no defraudó mi nombre
y hoy vuela solo y alto
hecho un hombre bueno y derecho.

Estrella de juventud

Estrella de juventud
que alumbraste muy arriba
seduciendo los campos,
las muchachas y sus colinas.

Estrella de juventud
bañada en el mar, por encima
abriendo y agitando
sus cinco destellos a la luna.
Estrella de juventud que me cayó encima
entre sustos y nostalgias
cuando apenas aleteaba a la vida.

Estrella de juventud que me guió por la vida
entre vientres y batallas,
entre abrazos y besos,
siempre encendida.
Hoy destellas más alto
y hacia ti mi querida
corre y vuela mi canto
para que no me abandones todavía
entre recuerdos y espantos.

Estrella de mi juventud
desbocada y perseguida
allá en lo alto,
hoy vas dejando un rastro
de estelas y se van acabando
en el suelo las semillas.

Estrella de juventud
ayer ardiente y apasionada,
hoy algo más tierna y menos alocada
destella luz entre las piedras
que guardé junto a la almohada
para estirar la mente
y compartir la mirada.
Estrella que aún no se apaga
pero sus puntas emanan menos luz
que las miradas
de aquel que tanto la desea,
de aquel que ya casi se apaga.
Estrella de mis tiempos,
lanza de mis batallas
para conquistar ejércitos
apenas vestidos y sin espadas
con mucha más carne que huesos,
solo con ligera pechera
y cubierto el regazo
con muchas pieles
y ajustadas.
Estrella de mi juventud
que hacía rechinar las miradas
que se clavaban en mis huesos
con el verde de los campos,
el azul de los mares,
el ocre del café y la miel
y lo negro del universo.

Estrella que algo tarde me alumbraste
por ser muy tímido y medido,
esos años que me robaste,
alárgalos y no los malgasste.
Ilumina mi camino y mi espacio
para seguir conquistando
no con palabras falsas,
pero si muy fijo mirando.

Estrella de mi juventud
aún queda un mañana
y necesito de tu luz
para subir a la cama
a descansar los huesos
entre besos y cerezos
tumbado con mis amantes
en la grama.

Estrella de tantos fulgores
que me tocó en la vida
y me regaló tantos amores
que hoy con cariño recuerdo
y al recordarlos me recuerdan
los días más tibios
perseguido por los celos
y algún que otro delirio.

Hoy de mí no te alejes
que he sido firme y preciso
guiando mis pasos,
y sorteando amores
y ese maldito vicio.

Estrella de mi juventud
sigue guiando mis pasos
y aunque compartí amores
jamás forjé falsas esperanzas
y sí repartí algunas flores.
Di de mi lo mejor que tuve
y fui muy medido
al calentar mi nido
donde nacieron mis pichones
para que volaran alto y solos
sin estar perdidos
embriagados de amor y esperanzas
donde jamás faltó amor y trigo.

Grandes y grandeza

A los grandes del mundo
a la grandeza que no cabe
entre Cielo y Tierra, se esparce
con una sonrisa ciega
de la boca que mentir no sabe.

Gigantes levantados, enhiesta, erguidos
caben dentro y devoran libros
y se hacen sabios y grandes,
enormes y compasivos.

La madre

Se queja la madre
por el hambre, callada se queja,
en silencio se llena,
en silencio de comer deja.

Silenciosa la madre
a la mesa lleva
el plato resuelto
que al hijo y al esposo llenan.

Adelgaza la madre
entre pechos y pechos
amamantando el fruto
que en el vientre no pudo
por no comer nada
y expulsarlo todo
de su boca amarga,
de su corazón azucarado y desecho.

La madre deshoja sus pechos
que en manantiales brotan
y a la niña en brazos nutre
con los ojos húmedos,
con los labios resecos.

Llora la niña en la cuna, llora,
llora la niña en los brazos.
Nada a sus ojitos entusiasma,
nada a su boquita derrama.
Llora mi niña, llora,
temprano, tarde, a toda hora
y el padre la consuela y la calma
con el beso, con el alma.

Camina mucho la madre, camina
por las calles y se ve doblar la esquina
resolviendo el plato, endulzando el día
para llevar a la mesa algo más que paz y alegría.
Y no es que se desmiembre sola,
por no tener del esposo ayuda,
sino que sola ha de hacerlo porque sola lo resuelve,
no importa cuántos deseos de trabajar tengas,
sino cuantas relaciones tienes.
Esa es la triste ley de la Sociedad Perfecta
donde muere de hambre el hombre,
pero infame, si oye rumba, hace fiesta.

Es bella y esbelta la madre, es bella,
sin ojos azules mostrando caderas,
se desliza temprano por las calles viejas
en busca de pan sin ser gallega.
Alma lleva, huesos largos y secos
por tanto amor, por tanto pecho.

No toma la leche que a su pecho crece,
se empina del jugo del naranjo seco
y duerme a la niña en brazos quietos,
arrullando el alma del amor inmenso.
Con aire manso en la cuna tiende
a la niña en brazos que comer no quiere,
que de la vida nada entiende.
Quien me quita el sufrir
de los días aquellos
cuidando a mi niña en casa, terso.

Y en las noches negras
llenar no puede el estomago
del que no usa el pecho,
ni pagar una fritura en la esquina
que el hambre mata,
no lo entiende el hijo que siente
rugir su estómago insatisfecho.
Y lloran la madre y el padre
y juran irse lejos donde a puro sudor
labrar un futuro puedan
y alimentar la boca que hoy muy alto
y solo por fin vuela.

La riqueza del pobre

Soy de los que adoran
la riqueza del pobre
antes que el oro mal habido
triste y frío de los ricos,
que los arrastran al final hacia el precipicio.
He podido oír, latir y sentir
el corazón del desvalido y aun siendo muy pobre,
el mío, que muy menesteroso es,
no cabe ya en mi alma tanta riqueza.

Prefiero dar lo poco que tengo
a recibir lo mucho que no me he ganado
y no hay manera más grata
que recibir el gran amor y calor del hermano,
el hermano que en harapos su corazón entrega,
ese, grande y virtuoso, amor del ser humano.

Ese pobre que nada tiene,
te invita a la mesa a compartir el plato
que aún repleto no le ha de llenar,
pero te lo ofrece de buena fe
y no le ciega el mezquino interés
y en su inopia humildad
un ejemplo de riqueza nos da.

Ese que es pobre por fuera
y su pobreza exhibe,
pero por nada se humilla
y la pobreza no le aflige,
trabaja duro y con amor hasta que cae el sol,
allá, en la tarde, cuando el Astro Rey se esconde,
cuando empieza quizás la perdición
de aquel, de algunos, que muy ricos son.

Es mejor ser el pobre rico que a los hijos abraza,
que a la madre besa, que a la esposa aprieta,
que a los hijos con ejemplo enseña,
los que no pueden gozar de los lujos
que a sus mentes dejan quietas,
ah, pero pobre de aquellos hijos ricos
que nada sufren, que nada temen,
porque nada falta, porque sobra todo,
pero quizás no cuenten con el abrazo
de las ruda manos que los graban de pies a cabeza.

Y cuentan que la esposa tierna y serena
en las noches llora en cojín de seda
porque lo tiene todo, porque no tiene al áspero esposo,
que la aprieta fuerte que la quiere mucho,
y aquel que le da de todo, que la abraza con guantes finos,
ese que se toma el mejor de los vinos,
su pasión no enciende aunque sea muy divino.
Y se pregunta a solas, ¿Quién podrá darme lo que tanto quiero, lo que tanto merezco?
porque he sabido ser la fiel esposa, porque soñé con eso,
y aunque lo intente el acaudalado esposo, le da los gustos que por fuera exhibe,
los que todos ven al pasar, los que a su cuerpo de reina lleva ceñidos,
pero por dentro su alma se agita cuando ve a los pobres enamorados
que apenas viven, sentados lado a lado,
con la ropa vieja, con los rostros agitados, felices
y con la inmensa pasión de enamorados.
¿En qué piensan?, ¿De qué hablan?, ¿Por qué no están tristes?
ah, pero ellos la miseria la cargan por fuera
y la riqueza por dentro les quema
porque se aman de veraz, porque los juntó la acaudalada pobreza.

Quizás el secreto esté más allá o más acá,
pero con trajes pobres se ve que son muy ricos,
y se ven divinos, parecen soñar en sus nidos,
el sueño de todos, también el sueño de los ricos.
Y quién duda que un buen día, de esos tantos, venga la pobre rica
en busca de un saludo, en busca de un consuelo,
y apenada y triste, tímida, humillada y sola,
de su boca salga un lamento, se escape un espantado grito,
¡dígame, señora!
¿Por qué son tan pobres los ricos?,
¿Por qué en las noches lloro a solas y mi alma no siente?,
¿Y por qué tiembla mi alma?,
¿Y por qué mi cuerpo, de pasión, no se quema en carne viva?
¿Es que acaso, este cuerpo al Rey no inspira?
¿Y por qué en las calles me comen al pasar,
y por qué en la soledad de mi dorada alcoba no puedo gozar?
Y responde la humilde señora,
la que de la vida conoce el llanto, conoce el dolor,
pero la que ha gozado con rica pasión:
OH, ¡hija querida! tú que en palacio vives,
llena de flores, llena de lujos, llena de olores,
tú, ¡dulce criatura! Que rica has nacido y rica serás,
tú que todo lo tienes, pero tan sola y triste estás,
algún día entenderás,
que la riqueza va por dentro,
esa nadie te la quita, solo Dios te la da
y la riqueza que llevamos dentro,
esa nadie la ve, no se comenta pero se siente.

Llegaremos

Llegaremos
aunque no hayamos salido primero,
algo retrasados,
te aseguro que llegaremos.

Llegaremos
aunque el viento
nos empuje mar adentro,
remaremos con las manos
y cansados, pero llegaremos.

Llegaremos
aunque la noche
nos vista con sus miedos,
a oscuras llegaremos.

Llegaremos
aunque no queden
nubes en el cielo,
despojados, llegaremos.

Llegaremos
atrapados entre la espada y la pared,
desarmados y moribundos,
ensangrentados, pero llegaremos.

Llegaremos
caminando por la vida
con los pies destrozados,
arrastrados por el suelo,
descalzos, llegaremos.

Llegaremos
encendidos con los hielos,
con el calor del invierno,
llegaremos,
con el frío del verano,
desnudos y harapientos,
o arropados por el aire,
llegaremos.

Llegaremos
con las flores del otoño
con el dorado de la primavera,
y aunque florezca
o se caigan las hojas,
llegaremos,
con el calor del alma,
con la lluvia del desierto,
llegaremos.

Lluvia y sangre

Huele a lluvia en el aire
huele a lágrimas en el alma,
caen del cielo las gotas,
rueda del alma la sangre.

Impregnado de lluvia mi cuerpo
que cala hasta los huesos,
desgarran las lágrimas el alma
de la mente que muriendo sangra.

Huele a tierra mojada,
huele a hierba fresca,
huelen a risas tus labios
mojados con la esperanza
que otra boca aprieta
y mi boca de ver caer la lluvia
sangra más apretada y reseca.

Lluvia y sangre caen y corren,
lluvia y sangre se mezclan
desangrando corazones
que en el alma despiertan.
Y la sangre brota
del manantial que alimenta
con la rabia del olvido, la tristeza.

El cuerpo de golpes lleno
y el alma de penas muy seca
amortiguando los miedos
con la lluvia de la tristeza,
el alma en carne viva
se arrebata y reza
para soportar las heridas
que de sangre están vestidas.

No hay alivio para nadie
que padezca tanta tristeza,
guardada por décadas en el alma
calada de lluvia
ensangrentada y fresca.

Loca juventud

Loca juventud que hoy me dejas,
loca juventud que hoy de mí se aparta,
como quien no quiere irse solo,
solo y meditando por el largo camino,
el camino de mis días,
el camino de mis actos.
El camino que un día,
con loca furia emprendí,
lleno de vida, lleno de esperanzas,
lleno de ilusión y con sueños atrevidos.
Pero hoy cuando despierto a saltos,
me doy cuenta que ahora es cuando,
cuando en verdad estoy comenzando,
comenzando a dar los primeros pasos,
que el ímpetu de mis sueños inspiró ayer.

Esta es, claro, mi segunda juventud,
la menos impaciente y la más dotada,
dotada de años, dotada de heridas,
heridas que te laceran, te forjan, te lastiman,
pero que te hacen menos loco y más soñador.

La que realiza los sueños y deseos de ayer.
Esta juventud que te hace más viejo,
aunque todavía no lo soy.
Juventud algo loca, pero de cabello más blanco,
de mente más abierta y de pasión más medida,
que me sigue arrastrando con ardiente pasión,
allá donde corre mi alma y vuelan mis sueños,
donde quizás todavía, aún no despierto.

Juventud de mi locura, rodeada de campos,
rodeada de mares, rodeada de gente,
de mares espumosos, de furia y playas desnudas,
de salada agonía, salados deseos, saladas aventuras,
juventud rodeada de gritos, rodeada de amores,
amores fugaces, conquistas de un día,
de entrega total, que aún despierto, me hacían soñar.

Juventud de tímido amores,
de deseos escondidos,
de palabras ocultas,
de miradas precisas,
de mil palabras y un solo gesto.
Juventud tan loca, de ingenua esperanza,
de respeto intenso, de amores presos.
juventud que no podía esperar,
a querer llegar, a querer volar.
Volar muy lejos con ella y mis sueños.
Oh, ¿Quién detenía al impetuoso andante?
Y que triste descubrir que solo era eso,
un joven loco y caminante.
Caminante al sol, caminante al viento,
con ansias de llegar, de llegar muy lejos.
pero, ¿algo faltaba?, ¿algo sobraba?
sobraba el ímpetu y el deseo,
faltaba por trechos la razón.

Juventud que me dejas,
juventud que te llevas,
viejos, buenos y malos recuerdos,
sonrisas, encuentros y besos,
locura a manos llena,
inexperiencias y excesos.
Juventud de mi alma, juventud de mis besos,
juventud que ahora, todavía yo siento,
y mientras más la siento,
más la recuerdo y más la respeto,
porque fue loca juventud,
llena de amores, locuras y mucho respeto.

Aleado siempre del bien,
y desterrando los males,
los males que a algunos perdieron,
y a mi muy fuerte me hizo,
porque seguí en mi amada locura,
los consejos de quienes, quizás,
por descuido, por capricho, hice creer que no escuchaba,
pero los que siempre grabé en mi mente,
con aquellos ruegos de quienes tanto me cuidaban.

Juventud divina,
que ya te me alejas,
y créeme ¡querida!, no queda en mí,
hacia ti, la más mínima queja.
y por más que se le teme,
yo mucho que te admiro y te respeto,
porque me distes alas, porque volé muy lejos,
porque he pasado por la vida como pasan todos,
con lágrimas y glorias, con penas ocultas,
pero con muchos deseos,
con desenfrenados caprichos,
y con menos reproches, de ti, siempre agradecido.

Pero esa, la juventud de todos,
aquella fue la mía,
con limitaciones y caminando,
caminatas llenas de goces y muchas alegrías.
por eso hoy, cuando la segunda juventud,
me llama a rendir cuentas,
a pagar lo que debo,
de nada me arrepiento,
porque tranquila vuela mi conciencia.
He gozado a gusto y viviré con los tiempos,
esperanzado a que llegue el día,
el día feliz del recuento.

Y, ¿Cuántas y cuántos hay que recuerdan mi juventud?
y creo, que quizás muchos,
porque allá, mi loca atrevida, mi loca de ayer,
fue cuando esta larga marcha emprendí,
lleno de versos, lleno de sueños, lleno de besos,
de besos y abrazos del amor y del amigo.
Amores y amigos que siempre me acompañaron,
de amores lejanos, amores ocultos,
en tierra larga, en tierra ajena.
Y créeme, que de aquella locura joven,
no me arrepiento de nada,
porque todo lo que hice,
aunque locura fuera,
fue locura que salió del alma.
y no quise jamás lastimar a nadie,
y mucho menos incumplir mi palabra,
palabra que legara mi sangre y mi padre,
legado que siempre llevo atado a mi vida,
ceñido a mis pasos,
fiel en lo que creía,
buscando una nueva vida,
evitando siempre el fracaso,
queriendo subir y subir,
subir muy alto a tocar las nubes,
pero por mi propio esfuerzo y mis pocas virtudes.

Ya hoy en mí no llevo la juventud primera,
pero ya me dirige la juventud madura,
la que guía mis pasos y arrastra mi pluma,
la que me hace más sabio,
la que me ha dado más cordura,
y aunque en la otra, en los años ya perdida,
nunca del todo victima fui,
porque avisté el camino, porque medí mis pasos,
evitando siempre el cruel fracaso.

Los ojos de mi alma

Los ojos de mi alma
no son del color de la naturaleza,
ellos saben mirar muy fijos
y de frente siempre
aunque los embargue la tristeza.

Los ojos de mi alma
saben mirar muy adentro
desprendido de la soberbia
y si se equivocan,
no temen expresar arrepentimiento.

Los ojos de mi alma
no son para nada perfectos,
a veces han mirado lo rojo blanco
y algo torcido como recto.

Los ojos de mi alma
me han guiado por décadas
alumbrando la esperanza
a veces desaparecida,
haciéndomela ver más verde y fresca.

Los ojos de mi alma
por igual a todos miran,
por igual a todos abrasan
con el fuego de la vida
que destellan sus pupilas.

Los ojos de mi alma
han conocido todo en la vida,
han conocido la alegría,
han conocido la tristeza
que dejan las almas mezquinas,
las que hablan por hablar,
las que hablan con envidias y bajezas.

Los ojos de mi alma
han mirado más allá,
han pecado en la maleza,
han penetrado otras fortalezas
aceptados solo con la mirada
que nunca necesitó respuesta.

Los ojos de mi alma
a todos aman y respetan
aunque imberbes y débiles sean
alumbran sinceridad
exponen lo que sienten y profesan.

Encendidos con el alma
los ojos callan y miran
los deseos del cuerpo,
las pasiones que suspiran
ahogando en el silencio
las virtudes de otra vida.

Los ojos de mi alma
aferrados a la grandeza
aunque estrecha sea la vida
emanando sangre enloquecida
por la espada que rechina
contra huesos mansos
y pupilas afligidas,
jamás dejarán de mirar hacia arriba
aunque los nuble la tristeza.

Y volarán muy alto
y se posarán más arriba
para alumbrar desde lo alto
el perdón que los ilumina,
satisfechos de su vuelo
por haber volado solos
sin dañar jamás a otros,
a la cúspide de los cielos
apoyados en la luz de mi rostro.

Marfiles

Como marfiles atemperados,
como espuma blanca
se asoman al cielo a defender la esperanza,
mordiendo sueños rosados
y se alimenta el alma
al paso de la risa
que va calando muy adentro
y alargando la vida a cada momento.
Me alivia su frescura envuelta en sentimientos
asfixiante e inoportunos
balanceándole al compás
de sus esmaltados dientes
para herirle a la vida, para aliviar el momento.

Silencioso se agita el beso más afuera
de las fronteras blancas
que se abren y se cierran
para cautivar aspiraciones buenas,
como si chocaran contra la tierra
defendiendo lo puro y bueno,
para que la sonrisa nunca muera
y así blanquear el cielo de su boca
y endulzar el alma que a la alegría no se resiste
prefiriendo la sonrisa blanca ante el dolor y el miedo
que se derrumba y se deshace
muy amarrada al cuerpo.

Son marfiles y perlas, conquistas del cielo
arremolinándose en las cumbres
que alimentan y coronan los buenos
que se forjaron en el desierto
a golpes de sal y empeño
para reírle a la vida más que satisfecho
de haber conquistado para siempre la eterna sonrisa
que nos cura el alma y el pecho.

Espadas relucientes y blancas
que al mal de la vida resisten y rechazan
a dentelladas mortales,
se desplazan y se arrastran
para defender como fieras
la sonrisa más pura y casta
que no se dejará contagiar
por los placeres bajos de la vida
que se esconden y se levantan
para derrumbar al hombre
que los marfiles pulen y arrastra.

Mi musa

Se despierta a veces mi musa
a toda hora, a cada paso,
abrasadora y confusa
y no la alcanzo, no la abrazo.

Se despierta mi musa
cuando menos la espero,
caprichosa e intrusa
cuando atenderla no puedo.

Se despierta a veces mi musa
en medio de palabras,
inoportuna e ilusa
y al no atenderla, se descalabra.

Se despierta mi musa
cuando ando de prisa
y muy rápida y lerda cruza,
se me aleja, se va con la brisa.

Se despierta mi musa
elegante y vestida
con falda y con blusa,
dejando mi mente perdida.

Es tan inoportuna mi musa
que cuando yo no puedo,
en el camino se me cruza
y vuelve a alzar alto el vuelo.

Muchas veces pierdo mi musa
y la dejo ir, la dejo,
se me escapa como oro viejo,
no me deshonra ni me azuza.

Vuela musa, siempre vuela,
bate al aire fuerte tus alas
qué importa que con tus alas
no hayas podido ir a la escuela.

Ni yugo ni yunta

Los bueyes con sus yugos calados
mucho más allá del cuello
esquilmados y enyuntados
dejan la vida en el surco
y aun así los llaman compañeros.

Ellos, fuerza viva y sangre pura
trabajan el día entero
y por tanta mansedumbre
los unen por el cuello
y del narigón le tiran
para cumplir voluntades
y además les gritan
a la par que los aguijonean
con la vara maldita
que sus corazas estropean.

Bueyes mansos de la vida
jamás seremos
y por no reclamar tu pedazo
también te llaman compañero
y un día como a tantos
a la yunta te aparean
y no sabrás si te aceptan
o las costillas te cornean.

Como bueyes mansos
a veces por la vida vamos
uno detrás del otro
por el aguijón y el narigón guiados.

Si de bueyes, dicha alguna tenemos
levantemos la frente
y envistamos con furia
a quien nos robó pasado y presente.

Yugo y yunta ya parecemos
yunta y yugo hace tanto padecemos
y bueyes enyugados ni a las vacas miran
les arrancan el deseo
que antes fuera envidia.

Yugo de madera dura
que tu cuello explota y exprime
yunta que se enyuga muy temprano
apenas soltar el primer orine.
Y contra tu voluntad te llevan
atado a otro compañero
que quizás menos trabaje
y cuando descansar quieres
recuerdas el aguijón en tu cuero.

Bueyes mansos de la vida
jamás seremos
acabemos con la ignorancia
que nos ciñó el yugo al cuello
huyamos de la labranza
y nuestros derechos reclamemos,
alcemos nuestros bramidos
y luchemos unidos, compañeros.

Yugo y yunta jamás aceptemos
aunque sea de oro y acolchado en cuero
pues tu frente mancilla
y tu alma se lleva
arrimado al yugo, indigno y manso
jamás para ti habrá descanso,
jamás para ti habrá orgullo.

Si eres yugo,
naces ya mal destinado
para juntar a quienes no quieren
arrastrar un pesado arado.
Si eres yunta, naces ya
más que bien acompañado
para compartir la ignominia
de ser para siempre ultrajado.

Ni yugo ni yunta
ni yuntas ni yugos
debemos llegar libres al mundo
y tomar de las piedras sus jugos.

Oda a un collar de perro

Ahí está, atrapado en su cuello
un collar de perro.
El cual suena
con cualquier movimiento
e informa
en cualquier momento, todos los días,
todo el tiempo.
Siempre está ahí,
en cada momento
el pequeño collar
suena a tiempo,
"Ting, ting", suena el collar
y brilla, tal como una estrella
en su suave y frágil cuello
ilumina la cara de mi bello perro.

Autora: Rocío Beatriz De La Fe

Para los niños

Para los niños de la Tierra
escribo con amor y cariño,
por ser los más sabios,
los más grandes y tibios,
es tanta su grandeza
sin dejar de ser niños.

Es tanta su grandeza
que no cabe en mi bolsillo,
son los ricos de la alegría
sin dejar de ser niños.

Son los gigantes enanos
que envejecen a los siglos
repartiendo esperanzas,
repartiendo siempre cariños.

Traen consigo la fuerza
que nos fatiga el cuerpo
y los sentidos,
y seguirlos no podemos,
el aire no nos alcanza,
de apenas intentarlo
quedaremos vencidos.

Podrán y podremos

Podrán arrancarme la vida en pedazos,
pero seguiré amando.
Podrán arrastrarme desnudo y descalzo,
pero siempre seguiré andando.
Podrán arrancarme la dicha de verte,
pero desde muy adentro te seguiré mirando.
Podrán cortarme las manos mil veces,
pero sin ellas, te seguiré tocando.
Podrán arrancarme los dientes,
pero mi sonrisa, será más clara y tierna.
Podrán mutilar todo mi cuerpo,
pero desde muy adentro se levantará mi alma.
Podrán acabarse los días,
pero siempre habrá un mañana.
Podrán secarse las fuentes,
pero en los charcos cantarán las ranas.
Podrán cortar todas las rosas y pisotear la primavera
que sus fragancias dejarán estelas.
Podrán acallar el grito,
pero como gigantes se levantarán las piedras.
Podrán apagar la noche más temprano
que el día seguirá esperando para morir también,
detrás de ella.
Podrán manosear la inocencia,
pero la pulcritud se hará más sabia y bella.
Podrán negarme aquel añorado beso
que otros labios encenderán mis ganas.
Podrán cerrarse todas las puertas,
pero se abrirán las ventanas.
Podrán imponer y acallar el silencio,
pero las miradas serán espadas.
Podremos levantarnos más temprano,
pero la mañana, no será más larga.

Podrán sepultar el espacio
que en el aire sobrarán abrazos.
Podrán desviar al rio,
pero este seguirá corriendo.
Podrán sofocar al fuego,
pero el viento lo llevará más lejos.
Podrán calentar el invierno,
pero las nieves seguirán cayendo.
Podrán quemar la primavera,
pero el verde conquistará hasta las piedras.
Podrán enfriar el verano,
pero andaremos menudos de arriba a abajo.
Podrán pintar el otoño,
pero siempre se impondrán el amarillo y el rojo.
Se podrán robar el tiempo
pero jamás detener surcos y canas
que alimentan las alegrías y sufrimientos
que se desprenden del alma.

Por fortuna

Por fortuna,
hay más luz que oscuridad,
por fortuna,
hay más bien que maldad,
por fortuna,
brilla la Luna en la oscuridad
y nos alumbra el camino
por donde andamos,
ya casi perdidos
y en soledad.
Somos afortunados
por disponer de lo creado
de punta a punta
y algo más allá.

Por fortuna,
hay mucha más agua que sequedad
para que todos beban
y plantas y árboles crezcan
y cobijen a todos con caridad
y el hombre camine
haciendo historia,
creando humanidad.

Y por fortuna,
se abre el día para trabajar
y el hombre lo aprovecha
para ganarse el pan.
Por fortuna,
hay una bóveda grande
por encima de la humanidad,
y por fortuna,
hacia arriba todos podemos mirar
buscando el fin
que jamás habremos de encontrar
y nos tienta lo extenso
de la inmensidad
para subir más lejos
y desde arriba poder mandar.

Puñales de luz

Oh, mujer de los encantos
que derramas tus gracias
por donde quiera que pasas.
Oh, mujer traspasada por las miradas
que te queman y te arrasan
desvestida y desojada muy adentro
por cuencas iluminadas de pasión inmensa.
Oh, mujer arrastrada y devorada
por el instinto y la mirada.

Oh, mujer de los deseos prohibidos
escondidos en tu universo
cuando sientas arder tu cuerpo
no los culpes ni los humilles
deja que puñales de luz
te laceren por dentro.

Oh, mujer nacida para ser horadada
por las miradas de tus tiempos
no te sientas nunca ultrajada,
resiste el punzón de las miradas
que te penetran hasta los huesos.

Mujer de los buenos gestos
que iluminas el mundo a tu encuentro
quien pudiera ser la luz
para irradiarte por fuera y por dentro.
y desvestir tus secretos entre sueños y besos
atrapados en tus redes
iluminados por tu universo.

Mujer de los bellos tiempos
siempre arrastrada
por el calor de las miradas
que te llevan hacia el mar
y te desnudan las olas
en las cuencas del deseo
del seductor cristal.

Querer

No bastan estos versos para entregarte mi amor,
y aunque mis palabras duras son,
te quiero mucho vida mía.
Te quiero porque te quiero,
porque tengo que quererte,
y aunque tú no lo creas,
me apartará de ese querer, solo la muerte.

Te quiero porque te quiero,
porque no tiene precio quererte,
te quiero hoy, mañana y siempre.
Y quiero que tú me quieras,
como te ha adorado mi alma,
mi corazón y mi mente.

No importa que hoy no me quieras,
porque no entiendes mi querer,
y yo aunque un día me vaya,
a ti siempre he de volver,
volver a seguirte queriendo más cada día,
queriéndote mucho, mucho más que ayer,
a darte mi alma y dejarte mi legado,
y este verso que al sueño le has robado,
lo dedico a ti vida mía.

Seré siempre quien más te quiera,
como yo, nadie te podrá querer,
aunque no entienda hoy mi alma y mi ser.
Un día me querrás, eso lo sé muy bien,
porque te has robado mi cariño,
desde que te vi nacer.

El amor que por ti siento,
no tiene precio alguno,
y como soy el que más te quiere,
estos versos somnolientos,
yo a ti te los dedico,
porque sé que tú algún día,
cuando me quieras mucho,
escribirás los tuyos,
en los que me dirás,
sí, a ti también te quiero mucho.
Y de otra manera no puede ser,
porque solo dos y tú,
me han robado mi querer,
mi querer que es bueno, duro, pero legítimo.
Querer como te quiero,
con palabra dura y precisa,
querer, créeme, que es el más sincero.
Querer que no conoce el cansancio,
querer que nunca ha temido al desvelo,
querer que te protege,
en los momentos malos,
querer que te protege en
en los momentos buenos.

Y cuando tú entiendas mi querer,
como lo entendí yo algún día,
seguro que me vas a querer más y más cada día.
Y a ti te dirás con el alma tranquila,
ya entiendo cómo me quiso,
como me sigue queriendo hoy todavía.

Y si te dijeras que no te he querido,
nada más lejos, nada más incierto,
y por tanto querer, decirte quiero,
que se rompe ya mi pecho.
Que mi alma llora a cada hora,
que mi mundo se me hace más corto,
porque se me acaban ya los días,
y se harán más lentos mis pasos,
pero más grande y puro mi querer,
el querer que por ti yo siento,
el querer que siempre ha de guiarte,
adonde quiera que vayas, a todas partes.

Quiero ser tuyo

Quiero ser tuyo
aunque no seas tú mía,
aunque me ames en silencio
y a escondidas.

Quiero ser tuyo
aunque no seas mía,
quiero sentirme abrasado
por el rayo de tus ojos
y ahogarme en el mar de tus deseos
de noche y de día.

Quiero ser tuyo
aunque ya no seas mía
y habitar en tus deseos
para acompañarte en la soledad
de tu inseparable compañía.

Quiero sentir tu abrazo
aunque no me rocen tus manos.
Quiero oír tu voz
aunque no me hables a mí.
Quiero ser tuyo
aunque muera mañana.
Quiero estar a tu lado
aunque solo quede el aroma de tu espacio
y el sonido frío de tus alejados pasos.
Quisiera ser la voz
de tu silencioso canto,
el eco dulce de un adiós,
el arrullo que se ahoga en tu llanto.

Quiero ser el todo
aunque no sea nada,
quisiera ser el espacio
que atraviesa tu mirada
y desprender los deseos
que te queman el alma.

Quiero ser el grito
aunque no tenga voz
para despertar tus ansias
y conquistar tu amor.

Tengo

Tengo por camino el cielo
y como tumba el universo,
por donde desando a solas
y a todo momento
y ando levitando por las cuatro esquinas
donde me saludan y se arriman
a compartir minucias de la vida,
tanto los que aman como los que fustigan
y se desprenden bocas abajo y hambrientos,
sedientos de riquezas celestiales
sin aun haber levantado la cabeza
y se pudren a la sombra de la envidia,
afilando dientes y garras
por donde apenas caminan
para estercolar la tierra
y se creen no pisar el suelo
que los anima y sustenta,
adonde llegaron por puerta estrecha
y los iluminan
después de haber nacido de un mismo instinto
y un gran quejido que dio vida
a otro recién nacido que hizo de la vida un hito
o una pena embestida de lamento.

Una flor que despertó tarde

Como una flor dormida en su lecho
te has despertado y te abrazas a la vida
con colores nuevos y calor en tu pecho
y floreces como nunca antes, adormecida,
descubriendo pasiones escondidas
que te queman muy adentro
y te sinceras a ti misma
como descubriendo lo bello en lo desconocido
que has evitado por tanto tiempo,
pero hoy te vence el sabor de lo prohibido
que tanto nos tienta a cada momento.

Eres flor primera
que aquel jardinero supo cortar a tiempo
apenas siendo capullo, una mañana,
lleno de rocío y aún muy fresco
y te ha faltado sol, y te ha faltado tiempo
para abrir a la vida tus encendidos pétalos
que hoy te queman como flor prohibida,
atravesada de miradas ajenas
que por dentro, poco a poco, te derriban
asaltada por la duda del arrepentimiento.

Oh, mi flor prohibida
abre tus pétalos a la vida
y cúbreme con tu s magias,
cura mis pasiones encendidas.

Despierta ya mi flor dormida,
corre y muestra tus pétalos a la vida,
escapa ya de tu lecho
y deja que te admiren a tiempo
para arrebatarlos a cada momento
con el vaivén de tu talle encendido,
hoy retoñada muy a tiempo,
nunca es tarde flor de mi desdicha,
no apagues el fuego tan inmenso
con el que hasta ahora estás prendida.

Unos ojos azules

Unos ojos azules
que me vieron nacer
con una mirada extenuada y tierna,
al mundo me han traído.
Me han alumbrado el camino,
han guiado mis pasos,
han apartado las piedras
para no lastimar mis pies descalzos.

Unos ojos azules
han iluminado mis días,
me han llevado en su regazo,
me han guiado en la vida
de tanto ir y venir,
llevándome siempre en sus brazos.

Unos ojos azules
me alumbraron temprano en la mañana
y entre sangre, lágrimas y llanto
al mundo llegué yo gritando y llorando
en busca de unos tibios pechos
que saciaran mi hambre y mi sed,
que calmaran mi espanto
con el beso y el abrazo
de aquellos ojos azules
que me siguen queriendo tanto.

Esos ojos azules
que desde lejos con cariño me miran,
me persiguen, me iluminan,
me abrazan, me encienden, me miman,
y en silencio con ansias me esperan
y hacia sus brazos mis añoranzas me arrastran.

Esos ojos azules
son de mi infancia el consuelo,
son de mi niñez el abrazo,
son de mi fiebre la medicina,
son de mi cuerpo un pedazo.

Esos ojos azules
son de mis heridas el cuido,
de mis dolores la cura,
son de mi alma el sostén
son de mis fríos el abrigo,
el paño que seca las lágrimas
de mi pobre corazón herido.

Esos ojos azules
son de mi hambre el bocado
que en los duros tiempos mi apetencia sació,
son de mi sed el agua cristalina
que a tiempo mi garganta humedeció.

Unos ojos azules
son de mi juventud el fiel guardián
que en la alcoba con ternura esperaba
y desde la cual, afuera, allá lejos,
en el mundo oscuro de la noche
mis trasnochados y cansados pasos guiaba.

Esos ojos azules
que de frente siempre me miran,
no conocen la mentira,
no aceptan el engaño.

Unos ojos azules
de mirada triste, bella y serena,
tranquilos y apacibles como el cielo,
reposados y dulces como un lago quieto,
adornados con un pelo otrora largo y negro
y una blanca piel de trigo
que ambos se engendraron conmigo
y de ellos heredé cabellera y vestidura,
la pose, mi camino y estatura,
la tímida sonrisa y los gestos
que llevo siempre conmigo.

Unos ojos azules
que ya casi se apagan,
encienden desde lejos mis días,
alumbran el camino de mis pasos dignos,
lloran conmigo el dolor de tenernos lejos,
me consuelan en las noches por horas despierto.

Nuestro dolor

Padre, ¡Cuánto me duelen tus huesos!
desde el más largo hasta el más avieso,
desde el más ancho
hasta el más estrecho.

Padre, ni te imaginas
¡Cuánto me duele tu dolor!
¡Cuán grande es!
¡Cuán inmenso!
No me deja andar,
me tiene preso.
No solo se lleva mi alma,
me destroza el cuerpo,
es como espada clavada
en todo mi universo.
No se detiene para nada,
además de injusto,
¡Es perverso!

Se ha ensañado conmigo
después de destruir tus huesos.
Ya no me deja ni dormir,
ha arruinado mis sueños,
Ay, ¡Que será de mí!
ya ni quiero saberlo
y aunque no deseo descansar,
muerto en vida ya padezco
del sufrir que apenas empieza
arrastrando tanto dolor a cuesta,
¡Quién sabe si como tú!
¿Sufra hasta los ochenta?

Padre, ¡Qué suerte la nuestra!
ser los escogidos al azar
para cargar tantas penas y tristezas
que nadie entiende
y, ¡A muy pocos les interesa!

Tú

Tú que desde lejos me miras,
quizás más abajo, quizás más arriba,
tú que ya te me fuiste,
tú que llegaste primero,
un día allá nos veremos
y nos daremos el abrazo
que no te di al partir
por encontrarme muy lejos.

Tú que desde allá me hablas,
desde allá me miras,
en las noches me llegas
y conversas conmigo,
calmas mis miedos
y mi alma inspiras.

Tú que en mí siempre creíste,
que desde pequeño como a un hombre me viste,
y en mi confiaste de palabra y obra,
frente a mí siempre actuaste
y testigos de algunos secretos,
que tú primero te llevaste
y que juntos compartimos
y en cofre cerrado más tarde
yo habré de guardarte.

Tú que primero llegaste
y atrás me dejaste,
te juro que allí nos veremos
y tarde o temprano
para siempre juntos estaremos.

Tú que te fuiste de día
y me llegas de noche,
no pudo verte mi alma ese día,
pero sé que me hablas sin reproches.
Tú que te acercas a mi vida
y yo que hasta ti quiero llegar,
pero eso solo lo sabe la vida,
cuando nos podremos algún día juntar.

Tú que algo rudo siempre fuiste,
de palabra estruendosa y sincera,
con voz firme decías la verdad a cualquiera.
Tú que amigo de los amigos fuiste
y te respetaban al pasar,
con tragos o sin tragos,
cumpliste la palabra
que siempre supiste dar.

Tú que desde lejos me hablas
y yo que desde acá te escucho,
te aseguro que sufre mi alma,
te juro que mantengo la calma
y espero que llegue ese día,
en que no pueda unas tristes lágrimas aguantar,
pero se que a tu nicho irán a parar
y desde allí nuevas fuerzas he de tomar.
Y con un trago que queme mi voz,
hacia el cielo he de mirar
por haber cumplido la promesa
que aunque tarde, junto a ti, un rato yo he de estar
y con el alma ahogada en lágrimas,
a mis hermanos, y a mi viejita, si aún está,
a todos podré con fuerzas abrazar.
No le pido a Dios otra dicha
que se haga cumplir mi deseo,
para juntos al fin poder un rato llorar

Soledad y despedida

Soledad y despedida
en la noche tercera
a una nueva vida.
Soledad que se queda
con ella escondida
entre recuerdos y momentos
grabados en nuestras vidas.

Soledad y despedida
de la noche larga,
de la noche fría,
del día que dio comienzo
a una nueva vida
separados por un estrecho
de aguas muy frías.

Soledad y despedida
de la viejita que me dio la vida.
Yo me llevo los recuerdos,
sus gestos y besos
y ella queda entre sola y perdida
en el azul de sus ojos
y la mirada fija y tibia.

Soledad y despedida
de los hermanos todos
que juntos compartimos
el calor de unos días.

Soledad que se despide
aparentando ser fuertes
para llegar a la otra orilla
donde esperan otros
el calor de mi vida.

Soledad y despedida
de los besos y abrazos
que reabren nuestras heridas
al sentirnos muy amados
aunque estemos muy lejos,
en la otra orilla.

Soledad que se desgarra
del abrazo que la priva,
del ultimo abrazo y beso
de una tímida despedida
en busca de la salida.

¡Basta ya!

Basta ya de tanta sed, pues nos rodea el agua por todos lados,
vayamos al pozo a bombear temprano.
Basta ya de respirar tan agitados, pues para eso puso el creador
millones de gigantes verdes a nuestros lados,
cuidémoslos en vez de lamentar.
Basta ya de mendingar un trozo de pan,
madruguemos y empuñemos el arado,
cultivemos en el desierto y cosechemos en el mar.
Basta ya de criticar, sudemos nuestras frentes y a luchar,
hablemos con las manos.
Basta ya de tantas envidias y dolor,
agarra tu lápiz, tu pala, tu machete, tu guitarra y tu fusil y se mejor,
lucha día tras día de corazón.
Basta ya de tantos tiranos que apestan el mundo sin compasión,
basta ya de estar sentados,
levantemos nuestras voces y rajemos la garganta,
alcemos a los que duermen por miedo hipnotizados,
rompamos las cadenas de la opresión,
nos toca gritar para reclamar y ahuyentar a los malvados
que nos han lacerado alma, dignidad y corazón.

La flor de tu pecho

Comienza a brotar
la flor de tu pecho
y se abre la tierra
allá en el centro.

Ellas antes de dar vida
serán pecados y codicias
de miradas inoportunas,
impacientes y precisas.

Dos flores perseguidas
por rapaces de la vida
brotando de un tallo terso,
apenadas y escondidas
quieren escapar
hasta de la mirada del viento
que las persiguen y estiran.

Dos flores para un jardinero
que un día será su dueño
cuidando las dos lunas
de un mismo cielo.

Fronteras de tu cielo
serán mañana
dulces, tiernas, empinadas,
fortalezas frágiles y codiciadas.

Los hombres

Los hombres como semillas
van quedando bajo la tierra
para brotar en otras vidas
o perderse junto a ellas.

Los hombres van dejando a su paso
algo más que una huella
y el tiempo se encarga de alumbrarla
o perecen junto a ella.

Los hombres arrastran montañas
apenas despuntar la mañana
y se alzan o caen junto a ellas
justo al fondo de sus almas.

Los hombres se visten de miedo
y cargan gran pena en el alma
y llegan a ser muy viejos
sin desprenderse de tal infamia
y el cuerpo les tiembla por completo
sin descubrir jamás ser honestos
y se pudren para siempre
en el dolor de sus miedos.

Los hombres con miedo
jamás llegan a nada,
ese sentimiento
les desvía la mirada.

Hay hombres de cuello blanco
y otros de piel quemada,
los hay de manos duras y recias
y otros que del papel hacen espadas
para atravesar los huesos
de quienes no usurparon nada.

Los hombres II

Abrazados a una esperanza
van los hombres por la vida
unos con la frente plétora, henchida
otros con frente marchita
y la pobreza por encima.
Otros se agasajan junto al recodo
y se mueren en la pena
que cultivan día a día
sin darse cuenta
que no son más que rastrojos
arrancados sin piedad
de la lira que con sudor cultivan
y apenas los sustentan y arriman.
Hombres de campos, de serranías,
Revienten ya las cadenas
que tan cruel les atan en vida
y con el sudor de sus frentes
ahoguen para siempre la ignominia
que pudre a los pueblos y continentes.

Mi niñez

Pasé por mi niñez
como pasamos todos,
pero muy flaco y orejudo,
enclenque y destemplado,
inocente e iluso.
con ansias de frutos,
con pasos cortos,
descalzos y alargados,
en ralo y raudo torbellino,
arrastrando los caminos,
despedazando a la tierra
y cultivando amigos
con mi desdentada sonrisa
como fiel testigo,
la mayoría del tiempo
de inocencia vestido,
con la travesura oculta en la timidez,
pero qué triste fue,
pasé por ella una sola vez.

Recuerdo en mi niñez
querer atrapar al sol
para que no quedara mi hogar
sin su luz, sin su calor.
Recuerdo en mi niñez,
en las noches querer apresar la luna
porque tierna, firme, fría y fiel
parecía abrazarme como ninguna,
parecía desde lo alto alumbrar
y despejar el camino de mis dudas
y al caer la tarde y llegar la noche,
padecíamos algún temor
y algún que otro reproche.

Pasé por mi niñez
entre lluvias y cañadas
cosechando una ilusión
que la corriente arrastraba,
camino al río y formando cascadas,
retando al viento y disparando al sol
con flechas de caribes
envenenadas de amor.

Fue mi niñez de pies descalzos
correteando por los campos
con huesos largos,
con huesos flacos,
arrastrando los sueños
queriendo volar muy alto.

Atravesé por mi niñez
jugando a ser pistolero,
policía, bandido y ratero.
También fui en niñez
muchas veces bombero
que sin camiones apagaba
muchos fuegos,
pero no tardé en despertar
que a pesar de ser bombero,
aquella lluviosa tarde de julio
no pude apagar aquel terrible fuego
que destrozó por completo mi hogar.

Fue mi niñez un sueño virado al revés
entre risas y carreras,
desplomándome desde arriba,
desde la cima hasta la base
en yaguas viajeras
que se desprendían como el rayo
en su loco andar
chocando y mallugando mi cuerpo
con las piedras
que a mis huesos hacían gritar al pasar.

Fue también en mi niñez pastor
pero no de ovejas,
sino de algunos toros y vacas,
algunas muy flacas y viejas.

Mi origen

Corre por mis venas
un torrente de sangre isleña
apurada y precisa
como navegante caribeña.

Fluye desde muy adentro
mustiando las penas
abriéndose paso
a golpe de sangre
compasiva y serena
para teñir el rostro
apenas aparezca una vergüenza
y desterrar los vicios
que padecen otros,
que no son parte de mi herencia.

Es mi sangre canaria
traída de Francia,
pero no jacobina,
traída quizás de Israel,
pero no de Rex Deus
y acomodada por
sobrevivencia por aquellos
que mucho trabajaron
para mantenerla fresca.

Recuerdos

Recuerdos son recuerdos
que te llevan muy lejos
hacia otros tiempos.
Recuerdos son recuerdos
que llevo tan adentro.

Recuerdos son recuerdos
de otros amores,
de otro momentos.
Recuerdos, muchos recuerdos
que hoy vienen a mi mente,
que me alimentan,
que me hacen más fuerte.

Recuerdos son recuerdos,
recuerdos que tengo presentes,
recuerdos de aquellos días,
de aquellos campos
y de aquella gente.

Recuerdos son recuerdos
que lloran con los tiempos,
que te atan a una vida;
que te queman por dentro.

Recuerdos son recuerdos
de aquellos amores,
de aquellos besos.
Recuerdos son recuerdos
de aquellos mares,
de aquella playa
donde encontré
mi amor del alma.

Recuerdos son recuerdos
que tu recuerdas
fundidos en arena,
llena de besos.

Recuerdos de aquellos tiempos,
de aquel abrazo,
de una mirada tierna
cruzada al viento,
recuerdos de tu primer beso
que se llevaron las olas,
que se llevó el tiempo
a otros lugares ,
a otros momentos
y para siempre
durmieron en mi pecho.

Recuerdos son recuerdos
de tu bello cuerpo
guardado para mi
al pasar el tiempo.

Recuerdos son recuerdos
atados al miedo,
escapada de tu cabaña,
entre suspiros y besos.

Te recuerdo

Te recuerdo vida mía,
te recuerdo siempre
como aquel primer día
cuando en la arena yo te vi.
Te recuerdo como sirena
escapada en la orilla,
te recuerdo siempre
elegante y altiva
con los ojos bellos y grandes
acercándote a mi vida,
con la sonrisa tierna y atrevida,
de inocencia y de timidez, tú, vestida.

Recuerdo la presencia
de tu altivez como espacio,
de tu mirada por instante
expresando con tus ojos
que había amor y bastante.

Te recuerdo siempre
caminando por la orilla
con los pies descalzos
y el calor del primer beso
quemando tu boca y tu mejilla.

Refugios del alma

Refugios del alma
son estas cansadas letras,
estos humildes versos
donde se esconde el alma,
cercenada, muy adentro.

Refugios del alma son estas décadas
¡tanto tiempo!
aferrado a los principios
que nutren alma y cuerpo.

Refugios del alma, tantas derrotas
que me inspiran desde adentro
a seguir luchando
contra todos los vientos.

Refugios del alma
son esos brazos frágiles y extendidos
que se abren y se cierran
para cubrirme como amigo.

Refugios de mi alma serán
el plástico y el metal
con los que manos expertas
me devuelvan el caminar
y cubran parte de mi cuerpo
para arrancarme el quejido
para devolverme paz y aliento.

Refugios de mi alma
ha sido a veces el maldito silencio
que hiere y mata
tanto como el desprecio.

Refugios de mi alma
son mis penas, mis fracasos,
la tristezas, las alegrías
el andar por la vida, rodeado de abrazos.

Refugios de mi alma,
torrente de lágrimas saladas y rancias
que arrastran los sinsabores
de una vida que apenas alcanza.

Refugios de mi alma
son esas manos negras tan blancas
que les han devuelto a mis piernas el camino
a mi alma la esperanza

No te vayas Madre

No te vayas todavía Madre
que aún no ha llegado tu tiempo,
aférrate a la vida con garras
aunque nos deje sin aliento.

No te nos vayas Madre
que queremos seguir perdiendo el sueño
y el estar a tu lado es más que alimento,
descansa dichosa, pues tienes muchos dueños.
Dichosos ellos, que raudos y tersos se visten
con las buenas y las malas al momento,
y a mí no me queda mas
que flotar en la distancia y en el tiempo.

No te vayas Madre
ni mucho menos te sientas sola
que aunque no me veas
ahí, junto a ti están mis brazos,
mi mirada te calienta el alma
y mi alma dolida te da un abrazo.

No digas adiós Madre, espera un poco
no creas que porque has alimentado muchas bocas
podrás descansar de nosotros,
te quedan muchos corazones que calentar
con la luz de tus ojos.
Tu mirada nos hace falta
para vernos reflejado en tu rostro.
Tu presencia ocupa el alma
que se nos desprende poco a poco.

No te vayas Madre
quédate junto a nosotros un poco más,
nos hace falta el mar de tu mirada
aunque en que tu mente se apodere la soledad.

Cada cual a lo suyo

Los trenes a sus rieles
férreos y potentes
avanzan por la sierra,
arrastrando la vida y la muerte.

Los bueyes al surco que antes fue lira,
enyugados y cansados
desgarran la tierra
arrastrando un pesado arado.
Los bueyes a sus carretas
y el arado al surco,
las viudas a sus deberes,
honrando a sus difuntos.

El barco a sus olas va dejando una estela
que apenas siguen las gaviotas
y va surcando los mares
y batiendo latitudes
para descargar sus bodegas
en las inmensidades.

El pájaro a su vuelo
como las nubes al cielo
va atravesando el espacio
que lo llevará muy lejos.

La noche a lo negro
y el viento a sus tempestades
oscurecen el cielo
en los días infernales.

El perro a su amo, fiel y cansado
se sienta y espera a su lado
para cumplir órdenes y voluntades
sin negativas y fidelidades.

La pena al hombre que bate los días
se aferra con ganas al alma, ya casi perdida
por el dolor, por la desidia
y se revienta el pecho entre impotencias
que lo atan en vida.

Diario de una esperanza

Este es el diario de una esperanza,
el de tanto dolor compartido
como bocado amargo
que se atraganta en la garganta,
el del ir y venir, adolorido.

Diario que se levanta
mirando a los cielos
encumbrado en el firmamento
de las ciencias y sus desvelos
traspasando la piel que se deja
horadar de enero a enero,
llevando hacia adentro
el líquido que devuelva algo de consuelo.

El loco de los caminos

Le pregunté al loco caminante,
¿por qué a todos tiende su mano?
y simplemente me contestó:
porque soy caminante errante,
porque solo yo, escogí el camino,
porque soy caminante solitario y con tino
que se pierde en la soledad de su destino.

Le pregunté al loco caminante
¿que por qué no alza su voz?
y simplemente me contestó:
porque soy el pobre harapiento de los caminos
y no el ogro de la región.

Le pregunté al loco caminante,
¿por qué ama tanto a los niños?
y su respuesta con presteza fue:
que antes de ser caminante,
nació, creció, jugó y lloró
como el más honesto de los niños,
y aunque de mí se espanten
y piedras arrojen a mi camino
rompiendo siempre mi frágil castillo,
el corazón que llevo dentro
prefiero entregarlo, aunque lo desgarren, a los niños.

Le pregunté al caminante si sabía amar
y mustio y afligido me contestó:
que la falsedad de un gran amor,
solitario y lasito al camino de noche lo echó
y jamás ha podido encontrar
quien de él se enamoró.

Le pregunté al loco caminante
si no se cansa de tanto andar
y no tardó en contestar:
mis pies cansados hace tanto están
y ya no los puedo parar,
seguirán haciendo caminos
hasta que me detenga el mar.

Le pregunté al loco caminante
¿el porqué de su canto?
y cantando me contestó:
que es la alegría de su vida
y que lo aprecia más que al llanto,
que le acorta más el camino
en el que solo y cansado, ya no sufre tanto.

Le pregunté al loco de los caminos
¿el por qué luce tantos harapos?
y muy orgulloso de sus trapos
con voz firme me contestó:
estos fétidos y mugrientos andrajos
a todos molestan, a todos espantan,
pero a nadie amenazan, a nadie matan,
en cambio los que se visten de blanco,
de un áureo plumazo al mundo maltratan.
Estos lujosos harapos de mi hablan tanto
que no puedo ya quitármelos un rato
y aunque desecho está ya mi traje
con mucho orgullo lo visto y lo exhibo
porque siempre va conmigo
y a nadie lo he robado,
te aseguro que mucho vale
porque lo lleva el loco de los caminos,
ese, orgulloso, que nunca en cárcel ha estado.

El loco de los caminos que de pueblo en pueblo va,
siempre ha caminado solo y con dignidad,
con su bello traje raído, de tanto polvo resplandecido,
con su frente bien alta y su corazón de orgullo henchido.
Y si tratas de darle limosna, se indigna, se ofusca, no te perdona
porque aún fuerte y lúcido está y su soledad y miseria no pregona,
él fue quien escogió su destino y cuando se agota su bolsillo,
a puro sudor por los campos de su destino,
realiza los trabajos más inmerecidos
y con su mísera remuneración,
decide seguir abriendo nuevos caminos.

Le pregunté al loco de los caminos
si quería caminar conmigo
y humildemente me contestó:
claro que puedes hacer caminos como lo hago yo,
pero ya tú tienes labrado un destino que la vida te dio,
solo te queda cuidar del mismo
para que jamás se pueda cerrar,
eres el dueño de tu destino
y por la vida a brazos torcidos,
quieras o no tienes que andar.
Yo seguiré por ahí haciendo caminos
para que aquellos que nunca lo han visto,
lleguen un día cansados hasta el mar,
y echen esperanzados a la mar su barca
y navegar contra furiosas olas de espuma blanca,
lejos, muy lejos hasta donde puedan llegar
curtiendo la piel que la sal y el sol se comen
y rojos como polizones puedan un día triunfar.

Han de saber que hay vida más allá de los mares,
donde parece que se une el cielo con la mar
y detrás de aquella imaginaria línea desterrar los pesares
para nunca más con ellos por tierra caminar.

El silencio

Odio tanto al silencio
que dice tanto
sin pronunciar una sola palabra.
Odio tanto al silencio
que hiere y desgarra
sin ser puñalada.

Odio mucho al silencio
que no me deja hablar,
que me condena a prisión perpetua
¡ah, qué pena, morir tan solo y callado!
pisoteado por el eco sordo
de tu indiferencia.

El silencio consume el alma,
la arranca a pedazos
y te deja la boca quieta y amarga,
aleteando y sin brazos.

Necesito de ti

Yo necesito de ti
como el río a la montaña
que se desliza en susurro cristalino
arrastrando penas y glorias conmigo
y humedeciendo la tarde
entre lágrimas y suspiros.

Necesito de ti
como las piedras al camino
para dar paso a la vida
entre bienvenidas y despedidas.

Necesito de ti
como el camino a la arboleda
para refrescar los rayos
que hidrópico de tu amor,
muy sofocado me dejan.

Necesito de ti
como la noche a las estrellas
para divisarte desde lejos
punteada, iluminada y bella.

Necesito de ti
como la máscara al payaso
para esconder mis penas,
mis más crueles fracasos.

Necesito de ti
como la voz al eco
para repetirte siempre
cuanto te quiero.

Necesito de ti
como la rosa a las espinas
para hincar mi amor en ti
y derramártelo encima.

Necesito de ti
como el velero al viento
para atracar mi barca
en las tibias aguas de tu puerto.

Rosa que te quiero rosa

Rosa que te quiero rosa
rosada como la mariposa
delineada con rayas y curvas tiernas
que te hacen ver más hermosa.

Rosa que te quiero rosa
ligera y serena
como esculpida en piedra
arrastras las miradas
que al cielo te llevan,
atrapada en los deseos
de quienes a tu rosal no llegan.

Rosa que te quiero rosa
tan viva y rosada
que otro color no va a tu cara
mejor que el que las ansias despiertan
con tu paso, con tu presencia
que en otros son ganas
reprimidas tan adentro
en la imaginación del encuentro
que se disuelve y se deshace al momento.

Rosa que te quiero rosa,
muy ajustada, perseguida por tu ropa
y también mi mirada
que se imagina tantas cosas
entre tu rosal y mi almohada
conformado con el roce tierno de tu cara.

Contemplar la vida

Si contemplas la vida desde arriba
verás que abajo hay mucha más calamidad.
Si contemplas la vida desde abajo
hacia arriba siempre querrás mirar.
Si contemplas la vida desde un costado
hacia otro lado querrás escapar.
Si contemplas la vida desde atrás
Siempre delante querrás estar.
No te has dado cuenta
que a la vida hay que saberla mirar.
Mira siempre todo lo bueno
y de lo malo mucho aprenderás.

Si contemplas la vida desde el llanto
siempre salado estarás,
y desde arriba y desde abajo,
y desde un costado, y desde atrás
la sal siempre te caerá.
Si contemplas la vida desde un sueño,
siempre soñando estarás.
Si contemplas la vida bien despierto
hacia todos lados mirarás.
Si contemplas la vida desde el dolor,
sufriendo siempre estarás.
Si contemplas la vida desde un rosal
siempre perfumado estarás
y que importa qué sangren tus dedos
si llevan el rojo de la felicidad.

Si contemplas la vida desde adentro
hacia afuera querrás mirar.
Si contemplas la vida desde afuera,
hacia adentro querrás penetrar.
Nadie se conforma con ver la vida,
desde donde nos ha tocado mirar.
Mucha gente se muere en vida
sin contemplar lo mucho que nos han dado
y se hunde desde lo más llano de la inmensidad,
pretendiendo ir más lejos de lo que pueden llegar.

Si contemplas la vida desde el miedo,
jamás vencerás,
arriésgate siempre y emprende el camino con dignidad
para que llegues lejos con el susto de la verdad.
Si contemplas la vida descalzo,
sabrás bien donde tus pies pondrás.
Si contemplas la vida desnudo,
aprenderás solo a tejer en la oscuridad.
Si contemplas la vida desde el hambre,
aprenderás solo a plantar.

www.ingramcontent.com/pod-product-compliance
Ingram Content Group UK Ltd.
Pitfield, Milton Keynes, MK11 3LW, UK
UKHW041933190726
13854UKWH00004B/1560

9 781304 988317